Geheiligt werde dein Name

Ich habe einen Namen.
Mein Vater hat einen Namen.
Meine Mutter hat einen Namen.
Alle haben einen Namen.

Im Himmel und auf der Erde:
Alles hat seinen Namen.

Unser Vater heißt Gott.
Das ist sein Name.
Die ganze Welt hat er gemacht.
Wir wollen Gutes sagen
von seinem Namen:

Die Felsen sind hoch.
Gott ist höher.
Das Meer ist tief.
Gott ist tiefer.
Die Sonne ist hell.
Gott ist heller.

Der Name sagt:
Gott ist ganz anders.
Nichts ist wie ER.

Die Engel rufen:
Ganz schön ist Gott.
Ganz lieb ist Gott.
Ganz heilig ist Gott.

Mit Jesus beten wir:
Großer Gott,
du bist heilig.
Wir loben dich.
Wir danken dir.

Das Vaterunser den Kindern erzählt

von Dietmar Rost und Joseph Machalke
nach Fridolin Stier

mit Bildern von Heide Mayr-Pletschen

Verlag Butzon & Bercker Kevelaer
Agentur des Rauhen Hauses Hamburg

Vater unser im Himmel

Dein Haus ist die ganze Welt.

Die Sonne, den Mond und die Sterne –
Das weite Land, das große Meer –
Die bunten Blumen, die grünen Bäume:
Alles hast du gemacht.

Die Vögel in der Luft –
Die Fische im Bach –
Die großen und die kleinen Tiere –
Die vielen, vielen Menschen –
Meinen Vater und meine Mutter:
Alles hast du gemacht.

Gott, du bist unser Vater.
Wir sehen dich nicht.
Wir hören dich nicht.
Doch du bist da.

So groß bist du.

Du bist im Himmel.
Du bist auf der Erde.
Du bist bei mir.
Du bist bei den anderen.
Überall bist du da.

Du bist unser Vater.
Wir sind deine Kinder.
Du siehst uns.
Du hörst uns.
Du hast uns lieb.
Jesus hat uns das gesagt.

So groß bist du.

Mit Jesus beten wir:
Du bist unser Vater im Himmel.

Dein Reich komme

Ich lache.
Und ich weine.
Ich kann gut sein.
Und ich kann böse sein.
So ist es in der Welt.

Gott, bei dir ist es ganz hell:

Da hat keiner Angst.
Da weint keiner mehr.
Da stirbt keiner mehr.
Alles ist gut:

Das ist dein Reich.

Ich freue mich.
Ich habe Geburtstag.
Ich freue mich.
Ich lache und singe.
Ich freue mich.
Mein Licht leuchtet hell.

Alle sind lieb.
Alle freuen sich.
Alle sind glücklich:

Das ist dein Reich.

Ich habe Angst:
Es ist so dunkel.
Ich weine:
Ich bin gefallen.
Ich bin so traurig:
Meine Oma ist krank.

Mit Jesus beten wir:
Vater, bei dir ist es schön.
Wir tragen dein Licht in die Welt.
Dein Reich kann kommen.

Es ist hell in der Welt.
Es ist dunkel in der Welt.

Dein Wille geschehe,
wie im Himmel so auf Erden

Gott, du hast uns lieb.
Du liebst die Großen
und die Kleinen.
Du liebst die Schwarzen
und die Weißen.
Du liebst die Guten
und die Bösen.

Alle sind deine Kinder.

Ich habe meinen Bruder lieb.
Ich habe meine Schwester lieb.
Gott, ich habe dich lieb.

Das hast du gern.

Wenn wir hören
auf dich –
Wenn wir tun,
was du willst:
Dann ist es gut.
Dann geschieht dein Wille.

So soll es auf der Erde sein.

Die Engel tun deinen Willen.
Sie hören auf dich.
Sie tun, was du sagst.

So ist es im Himmel.

Mit Jesus beten wir:
Vater, alle sollen tun,
was du willst:
Im Himmel
und auf der Erde.

Unser tägliches Brot
gib uns heute

Der Tisch ist gedeckt.
Mit vielen schönen Sachen.
Wir essen uns satt.
Jeden Tag.

Wir haben Brot genug.
Wir haben ein warmes Bett.
Wir haben, was wir brauchen.
Jeden Tag.

Aber:
Viele Menschen haben nichts.

Sie haben nichts zu essen.
Sie haben kein Bett.
Sie haben kein Brot.
Jeden Tag.

Viele Kinder weinen.
Sie können nicht einschlafen.
Sie haben großen Hunger.
Jeden Tag.

Doch das Brot ist für alle da.
Alle brauchen das Brot.
Alle brauchen die Liebe.

Aber:
Wo die Sonne nicht scheint –
Wo der Regen nicht kommt –
Wo die Menschen arm sind:

Da ist alles trocken.
Da gibt es kein Korn.
Da gibt es kein Brot.

Da verhungern die Menschen.

Mit Jesus beten wir:
Vater, gib allen Menschen zu essen.
Gib allen Menschen zu trinken.

Gib allen Menschen Brot.
Gib allen Menschen Frieden.
Jeden Tag.

Und vergib uns
unsere Schuld

Wenn wir aber weinen –
Wenn wir traurig sind –
Wenn wir uns nicht angucken:

Dann wird es dunkel in der Welt.

Immer, wenn wir uns weh tun,
wird es ganz dunkel.
Das ist nicht schön.
Das will Gott nicht.

Wenn wir aber nicht tun,
was Gott will –
Wenn wir böse sind zueinander:

Dann kann das Reich von Gott
nicht kommen.
Dann sind wir schuld.

Wenn wir lachen –
Wenn wir singen –
Wenn wir uns die Hand geben:

Dann wird es hell in der Welt.

Immer, wenn wir uns lieb haben,
wird es ganz hell.
Das ist schön.
Das will Gott.

Mit Jesus beten wir:
Vater, verzeih uns doch.
Hab uns wieder lieb.
Vergib uns unsere Schuld.

Wie auch wir vergeben
unsern Schuldigern

Wenn mein Bruder mir weh tut –
Wenn mein Freund mir wegläuft –
Wenn meine Schwester mich schlägt –
Wenn der andere schuld ist:

Dann kann ich zu ihm gehen.
Dann kann ich verzeihen.

Ich kann ihn in den Arm nehmen.
Ich kann ihn wieder lieb haben.

Dann ist alles wieder gut.

Gott hat uns so lieb.
Er will zu uns kommen.
Er will uns in den Arm nehmen.

Gott verzeiht uns,
wenn wir böse sind.
Auch wir wollen verzeihen:
Einer dem anderen.

Wenn wir lieb sind zu den anderen,
hat Gott uns lieb.
Wenn wir verzeihen den anderen,
verzeiht Gott uns.

Mit Jesus beten wir:
Vater, du vergibst uns.
Wir wollen den anderen
auch vergeben.

Und führe uns nicht
in Versuchung

Wenn es draußen regnet,
ziehen wir den Mantel an.
Das Wetter tut dann nichts.

Wenn wir Angst haben,
laufen wir zu Vater und Mutter.
Dann ist alles gut.

Gott ist wie ein Vater
und eine Mutter.
Er nimmt uns an die Hand.
Er beschützt uns.
Dann ist alles gut.

Das Böse tut dann nichts.

Wenn wir aber sagen:
Nein – das will ich nicht –
Nein – laß mich doch los –

Dann sind wir in Gefahr.
Dann ist das Böse nicht weit.

Es kommt ganz nah und flüstert:
Ich bin ja gar nicht böse.
Geh doch weg von Gott.
Komm doch mit.
Bei mir ist es viel schöner.

So versucht das Böse alles.
Es läßt uns nicht in Ruhe.

Mit Jesus beten wir:
Vater, bleib immer bei uns.
Laß uns nicht allein.

Sondern erlöse uns
von dem Bösen

Und es gibt Schlimmes
in der Welt:

Wenn ein Erdbeben kommt –
Wenn ein Flugzeug abstürzt –
Wenn Kinder verunglücken –
Wenn Menschen verhungern.

Wir haben Angst vor dem Bösen.
Wir haben Angst vor dem Schlimmen.

Gott, du bist doch unser Vater.

Alles hast du gemacht.
Du hältst die ganze Welt
in deiner Hand.
Du hast uns lieb.
Hilf uns doch.

Es gibt viel Böses
bei den Menschen:

Wenn wir lügen und stehlen –
Wenn einer den anderen schlägt –
Wenn Menschen sich totschießen –
Wenn Krieg ist und Bomben fallen.

Mit Jesus beten wir:
Vater, mach uns los vom Bösen.
Erlöse uns von dem Bösen.

Denn dein ist das Reich
und die Kraft
und die Herrlichkeit
in Ewigkeit
Amen

Der Mond und die Sterne singen:
Gott, du hast uns gemacht.

Die Engel im Himmel singen:
Gott, du bist heilig.

Gott, du bist unser Vater.
Alles hast du gemacht.
Himmel und Erde gehören dir.

Die Menschen auf der Erde singen:
Vater, du hast uns lieb.

So groß bist du.

So herrlich bist du.

Der Sonne sagst du:
Geh auf und geh unter.
Den Blumen sagst du:
Wachset und blühet.
Dem Rotkehlchen sagst du:
Flieg und baue dein Nest.

Die ganze Welt singt dein Lied:
Gott, du bist groß.
Wir loben dich.
Wir danken dir.

So stark bist du.

So ist es richtig.
So ist es gut.
Amen.

Vater unser im Himmel,
Geheiligt werde dein Name.
Dein Reich komme.
Dein Wille geschehe,
wie im Himmel so auf Erden.
Unser tägliches Brot gib uns heute.
Und vergib uns unsere Schuld,
wie auch wir vergeben unsern Schuldigern.
Und führe uns nicht in Versuchung,
sondern erlöse uns von dem Bösen.
Denn dein ist das Reich und die Kraft
und die Herrlichkeit
in Ewigkeit.

Amen.

In diesem Buch haben wir das Vaterunser – das kostbarste Gebet der Christenheit – für Kinder erzählt. Wir möchten damit das Gebet des Herrn Kindern im Alter von 4 – 10 Jahren erschließen, damit sie verstehen, was sie beten. Den Eltern, den Erzieherinnen im Kindergarten sowie den Lehrern und Lehrerinnen in der Grundschule kann das Buch eine Hilfe bei der religiösen Erziehung sein.

Dankbar konnten wir dabei auf Vorarbeiten des 1981 verstorbenen Tübinger Alttestamentlers Fridolin Stier zurückgreifen. Stier brachte im Jahre 1962 im gleichen Verlag eine sprachlich dichte und exegetisch fundierte Deutung des Vaterunsers heraus, die uns zu unserem Versuch anregte.

Doch gehen wir einen Schritt weiter. Ausgehend von der Welt des Kindes, seinem Erleben, seinen Gedanken und Empfindungen, werden in einfachen und kurzen Sätzen der Anruf und die Bitten des Vaterunsers konkretisiert. Der sprachliche und geistige Verstehenshorizont des Kindes ist sorgfältig bedacht.

Die farbenfrohen und kindgemäßen Bilder stammen von der bekannten Bilderbuch-Illustratorin Heide Mayr-Pletschen. Eltern, Erzieherinnen, Lehrer und Lehrerinnen werden sie gern mit den Kindern betrachten und den Text vorlesen oder mit eigenen Worten erzählen. Ältere Kinder lesen selber in dem Buch.

Auf diese Weise werden Kinder behutsam an das Gebet des Herrn herangeführt. So können sie ihre persönlichen Anliegen und die Not und Sorgen der ganzen Menschheit mit den Worten unseres Herrn Jesus Christus vor Gott, unseren Vater, tragen.

Wir wünschen allen kleinen und großen Betern Freude am Glauben und grüßen herzlich.

Joseph Machalke   *Dietmar Rost*

Die Deutsche Bibliothek – CIP-Einheitsaufnahme

Das Vaterunser den Kindern erzählt / von Dietmar Rost und Joseph Machalke nach Fridolin Stier. Mit Bildern von Heide Mayr-Pletschen. – 7. Aufl. – Kevelaer: Butzon und Bercker; Hamburg: Agentur des Rauhen Hauses, 1993.

ISBN 3-7666-9513-4 (Butzon und Bercker)
ISBN 3-7600-0454-7 (Agentur des Rauhen Hauses)

ISBN 3-7666-9513-4 Verlag Butzon & Bercker
ISBN 3-7600-0454-7 Agentur des Rauhen Hauses Hamburg
Best.-Nr. 11041-3

7. Auflage 1993